Inhalt

Branchenreport MEDIZIN & PHARMA Ausgabe 2/2010

Branchenreport MEDIZIN & PHARMA Ausgabe 2/2010

A.Schneider

Kernthesen

- Das Wachstum der Pharmabranche durchschreitet einen Tiefpunkt. Der Weltpharmamarkt soll in diesem Jahr um etwa vier Prozent wachsen. Anfang des Jahrzehnts legte er jährlich noch zweistellig zu.
- Die Hersteller bereiten sich auf den Umsatzeinbruch durch auslaufende Patente vor, indem sie ihr Produktprogramm um aussichtsreiche Märkte jenseits des angestammten Geschäfts (wie Diagnostik, Impfstoffe oder Tiermedizin) ergänzen.
- Die drei größten deutschen Pharmahersteller sind Bayer, Boehringer Ingelheim und Merck KGaA. International liegen sie jedoch nur im Mittelfeld. Hier haben Pfizer, Roche und Novartis die Nase vorn.

Beitrag

Deutschland: Die deutsche Pharmabranche schiebt sich näher an die Top Ten

Die deutschen Top drei Pharmahersteller Bayer Schering, Boehringer Ingelheim und Merck KGaA kämpfen international um den Anschluss an die Top Ten. Bayer liegt derzeit auf Platz neun, Boehringer Ingelheim auf Platz dreizehn und Merck KGaA auf Platz 17 der Weltrangliste. (1) Insgesamt erwirtschafteten sie im Jahr 2009 einen Pharmaumsatz in Höhe von 33,7 Milliarden Euro, davon Bayer 16,0 Milliarden Euro, Boehringer Ingelheim 11,9 Milliarden Euro und Merck KGaA 5,8 Milliarden Euro - zum Vergleich: der Weltranglistenerste Pfizer & Wyeth wies für 2009 einen Pharmaumsatz in Höhe von 45,7 Milliarden Euro aus.

Bayer, ist der deutsche Marktführer im Pharmageschäft. Als einer der wenigen verbliebenen deutschen Mischkonzerne ist Bayer in den drei Segmenten Gesundheit (Bayer Health Care, 46,5 Prozent Umsatzanteil erstes Quartal 2010), Agrochemie (Bayer Crop Science, 23,5 Prozent) und

Kunststoffe (Bayer Material Science, 26,6 Prozent) tätig. Im Geschäftsjahr 2009 erzielte Bayer mit 108 400 Beschäftigten weltweit einen Umsatz von 31,2 Milliarden Euro. Die Ausgaben für Forschung und Entwicklung beliefen sich auf 2,7 Milliarden Euro. Im ersten Halbjahr 2010 lief das Geschäft in den drei Sparten recht unterschiedlich. Das Sorgenkind aus dem Vorjahr, die Sparte Material Science, konnte sich kräftig erholen. Dagegen lag die Agrarsparte unter den Erwartungen, ebenso wie die Pharmasparte. Dort drückten steigende Forschungsausgaben, Sonderbelastungen wie Aufwendungen für Rechtsfälle und außerplanmäßige Teilabschreibungen auf das Krebsmedikament Zevalin auf das operative Ergebnis. In den Vereinigten Staaten schmälert zunehmende Generikakonkurrenz den Umsatz rund um die Produktfamilie der Verhütungsmittel Yasmin und Yaz. Wettbewerber Teva ist bereits mit einer billigeren Nachahmerversion auf dem Markt, die Konkurrenten Watson Pharmaceuticals und Sandoz dürfen folgen, da Bayer eine Patentklage in New York verloren hat. Nachahmer-Medikamente bescherten auch dem Multiple Sklerose-Medikament Betaferon im ersten Halbjahr 2010 ein Umsatzminus von fast sechs Prozent. Hoffnung hat Bayer bei seinem Thrombose-Medikament Xarelto, das als ein Schlüsselprodukt des Konzerns gilt. Wenn es für diverse Therapiebereiche eine Zulassung erhielte, könnte es Milliardenumsätze bringen. Derzeit allerdings läuft erst mal das Testprogramm. Zugelassen ist es bisher nur für das kleinste der potenziellen Einsatzgebiete, die Vorbeugung vor Thrombosen bei Knie- und Hüftoperationen. Der Wechsel an der Konzernspitze ist vollzogen. Seit 1. Oktober 2010 steht mit Marijn Dekkers erstmals in der fast 150-jährigen Unternehmensgeschichte ein externer Kandidat und kein Eigengewächs an der Konzernspitze. Die internen Strukturen des Konzerns will er verschlanken, durch Zukäufe das Gesundheits- und Saatgutgeschäft in Asien ausbauen, noch ist offen, was mit der Kunststoffsparte geschehen wird. (2)

Boehringer Ingelheim, der deutsche Branchenzweite, hat seit Ende der neunziger Jahre seinen Umsatz mit organischem Wachstum auf zuletzt 12,7 Milliarden Euro mehr als verdoppelt und den Nettogewinn auf zuletzt 1,8 Milliarden Euro vervierfacht. In der Tat ist Boehringer in den vergangenen Jahren durchwegs stärker gewachsen als der Pharmamarkt insgesamt. In diesem Jahr kann Boehringer kein Wachstum erzielen, da Patentabläufe zu Umsatzeinbußen führen. Doch bereits 2011 will das Familienunternehmen mit seinen weltweit 41 534 Mitarbeitern wieder auf Wachstumskurs sein. 2009 investierte Boehringer 2,2 Milliarden Euro in die Forschung und Entwicklung. 95 Prozent seines Geschäfts macht Boehringer mit Humanmedizin, fünf

Prozent mit Tiergesundheit. Derzeit beruht das Humanmedizingeschäft vor allem auf drei Blockbusterm: dem Atemwegspräparat Spiriva, dem Bluthochdruckmittel Micardis und dem Prostatapräparat Alna/Flomax. Für Flomax und das Parkinsonmittel Sifrol ist allerdings jetzt der Patentschutz in den USA weggefallen, deutliche Umsatzeinbußen im ersten Halbjahr 2010 waren die erwartete Folge. Doch die Schwächephase Boehringers soll bereits 2011 vorbei sein, denn starke Neuentwicklungen sind in der Pipeline: Unter anderem hat Boehringer - in Konkurrenz zu Bayer - für sein neuartiges Medikament zur Vorbeugung von Thrombosen und Schlaganfällen bei Patienten mit Herzrhythmus-Störungen Pradaxa soeben die Zulassung in Amerika erhalten; für Europa sollte sie innerhalb des nächsten halben Jahres folgen. Darüber hinaus soll 2011 ein Kombinationsmedikament gegen Bluthochdruck und ein neues Diabetesmedikament auf den Markt gebracht werden. (3)

Merck KGaA, das familienorientierte Darmstädter Traditionsunternehmen, macht siebzig Prozent seines Umsatzes mit Pharma und dreißig Prozent mit Chemie (Flüssigkristalle). Der Konzern erzielte 2009 mit weltweit rund 33 000 Mitarbeitern insgesamt 7,7 Milliarden Euro Umsatz, davon 5,8 Milliarden Euro im Pharmageschäft. Rund 1,2 Milliarden Euro wurden in die Pharma-Forschung investiert. In letzter Zeit musste Deutschlands Nummer Drei im Pharmageschäft gleich mehrere Rückschläge einstecken. Erstens: Die erhoffte Zulassung des Medikaments Erbitux gegen Lungenkrebs wurde von der europäischen Gesundheitsbehörde 2009 verweigert. Erbitux hat zwar bisher bereits eine Zulassung gegen Darm-, Hals- und Kopfkrebs in Europa, doch der zusätzliche Einsatz gegen den sehr häufig auftretenden Lungenkrebs wäre ein lukratives Geschäft für den Pharmakonzern gewesen. Zweitens: Kürzlich musste Merck KGaA bekannt geben, dass das Committee for Medicinal Products for Human Use (CHMP) der europäischen Arzneimittelbehörde EMA (European Medicines Agency) eine negative Stellungnahme zum Antrag auf Marktzulassung für Cladribin-Tabletten als Therapie der schubförmigen Multiplen Sklerose (MS) abgegeben hat. Das trifft Merck hart, denn eigentlich war erwartet worden, dass dieses Medikament sich zum Blockbuster entwickeln würde. Experten schätzten das Umsatzpotenzial für Cladribin zum Teil auf mehr als 1,5 Milliarden Euro. Noch bleibt Merck die Hoffnung, dass die amerikanische Arzneimittelbehörde ein anderes Urteil fällt und so zumindest der amerikanische Absatzmarkt bliebe. Die amerikanische Zulassungsbehörde hat den Zulassungsantrag zumindest im zweiten Anlauf akzeptiert und wird wohl bis zum Jahresende eine Entscheidung treffen. Fachleute schätzen die Chancen für Merck aber eher niedrig ein. Bereits zugelassen ist Cladribin in Russland und in Australien unter dem Markennamen Movectro®. Wie auch immer das Urteil der FDA ausfallen wird, der lachende Dritte ist ohnehin ein anderer, nämlich die Schweizer Wettbewerbsfirma Novartis, die vor kurzem für ein ähnliches neuartiges Medikament die amerikanische Zulassung in die Tasche stecken durfte. Ein großes Stück vom Kuchen wäre also für Merck ohnehin schon weg. Jetzt kommt Mercks Pharmageschäft allmählich in Bedrängnis. Doch weitere Medikamente aus den Forschungsabteilungen von Merck mit berechtigt großen Umsatzhoffnungen sind erst in einigen Jahren in Sicht. (4)

International: Die Zeit der wegfallenden Patente für Blockbuster-Medikamente ist gekommen

Die Top Fünf-Pharmahersteller der Welt (nach Pharmaumsatz 2009 in Milliarden Euro) sind Pfizer + Wyeth (USA, 45,7 Milliarden Euro), Roche (CH, 32,5 Milliarden Euro), Novartis (CH, 31,8 Milliarden Euro), Merck & Co. + Schering-Plough (USA, 28,8 Milliarden Euro) und Glaxo Smith Kline (GB, 26,6 Milliarden Euro). (1)

Im internationalen Pharmageschäft wird es jetzt ernst mit dem erwarteten und angekündigten Umsatzeinbruch durch den Wegfall der Patente für viele umsatzstarke Arzneimittel. Branchenexperten schätzen, dass bis 2015 Medikamente mit einem Jahresumsatz von 150 Milliarden Dollar durch günstige Nachahmerprodukte (Generika) bedroht werden. Für rund zwanzig Arzneimittel, die als Blockbuster die Umsatzgrenze von einer Milliarde Dollar geknackt hatten, wird es schon 2011 soweit sein. Die prominentesten Beispiele sind der Cholesterinsenker Lipitor vom Weltmarktführer Pfizer und der Blutverdünner Plavix von Bristol-Myers Squibb und Sanofi-Aventis. Zwar ist der Forschungsaufwand der Unternehmen nach wie vor hoch, doch neue Medikamente mit echten Innovationen sind selten geworden. Die Arzneimittelzulassungsbehörden der USA und Europas sind bei der Zulassung neuer Wirkstoffe strenger geworden und haben ein wachsameres Auge auf unerwünschte Nebenwirkungen. Der Kostendruck hat sich für alle verstärkt, die Preise können von den Pharmaherstellern nicht mehr beliebig diktiert werden. Die Pharmakonzerne verdienen zwar nach wie vor gut, doch die Börsenbewertungen sinken, die Margen stehen unter Druck, und der vor Jahren eingeschlagene Sparkurs bleibt weitgehend erhalten. Nach dem Vertrieb und der Verwaltung wird immer öfter auch die Forschung verschlankt und auf

Effizienz getrimmt. Das Wachstum der Pharmabranche ist auf einem Tiefpunkt angelangt. Der Umsatz mit Arzneimitteln lag 2009 weltweit mit insgesamt 806,6 Milliarden US-Dollar rund 3,6 Prozent über dem Vorjahresniveau. Der Weltpharmamarkt legte Anfang des Jahrzehnts jährlich noch zweistellig zu. Für dieses Jahr sagt IMS Health, der führende Datensammler in der Pharmawelt vier Prozent voraus. Nächstes Jahr wird es besser. Fünf bis sieben Prozent sollen es dann immerhin sein. (5)

Wichtige Segmente der Pharmaindustrie im Einzelnen

Ärzte - Ärztemangel auf dem Land und steigende Frauenquote

In Deutschland gibt es rund 320 000 berufstätige Ärzte und Ärztinnen. Die Kassenärztliche Bundesvereinigung weist vehement darauf hin, dass ein Ärztemangel drohe. Immer weniger Mediziner seien bereit, sich als Vertragsarzt, vor allem in ländlichen Gebieten, niederzulassen. Die Gründe hierfür seien beispielsweise die Budgetierung, die zunehmende Bürokratisierung und eine schwache Infrastruktur auf dem Land. Durch einen Mangel an Ärzten sei die flächendeckende Rund-um-die-Uhr-

Versorgung in Gefahr. Weitere Trends sind, dass es immer weniger Hausärzte gibt und dass der Frauenanteil sowohl bei den niedergelassenen Ärzten als auch bei den Studierenden steigt.

Medizinische Versorgungszentren (MVZ) sollen durch die strukturierte Zusammenarbeit mehrerer ärztlicher Fachgebiete eine patientenorientierte Versorgung aus einer Hand ermöglichen. Eingeführt wurden sie mit dem Gesundheitsmodernisierungsgesetz im Jahr 2004. Die Zahl der MVZ ist weiter gestiegen. Inzwischen gibt es bundesweit insgesamt 1 503 MVZ (Stand Ende erstes Quartal 2010). Ende 2006 waren es noch 666. In den MVZ arbeiten nach Angaben der Kassenärztlichen Bundesvereinigung insgesamt 7 526 Ärzte, vor allem Hausärzte, Internisten und Chirurgen. 6 206 davon sind als Angestellte beschäftigt. Die Modelle gelten als Versorgungsform der Zukunft. Mittlerweile befinden sich 38,5 Prozent der MVZ in der Trägerschaft von Krankenhäusern, 48,7 Prozent sind in der Trägerschaft von Vertragsärzten (Rest: Sonstige). (6)

Arzneimittel und Impfstoffe - Reformpaket auf dem Weg, Impfstoffe versprechen lukrative Geschäfte

Steigende Arzneimittelausgaben sind ein deutsches Dauerthema. Die größten Kostenblöcke der

Gesetzlichen Krankenversicherung (GKV) sind die Krankenhausbehandlung (32,78 Prozent), die Arzneimittel (17,98 Prozent) und die ärztliche Behandlung (15,14 Prozent). [Abb. 1] Als Kostentreiber - wenngleich sinnvoll! - gelten präventive Medikamente gegen schwerwiegende Erkrankungen wie Herzinfarkt oder Knochenschwund sowie meist sehr teure Präparate gegen Krebs, Aids und andere schwere Erkrankungen.

2009 waren die Arzneimittelausgaben der Krankenkassen erneut um rund 1,5 Milliarden auf mehr als 32 Milliarden Euro gestiegen. Gesundheitsminister Philipp Rösler (FDP) kämpft seit Monaten dafür, seine Pläne für ein Arzneimittelmarktneuordnungsgesetz (AMNOG) zu realisieren. Jetzt sind die Reformgesetze zur Preisfindung für Arzneimittel und zur Finanzierung der gesetzlichen Krankenversicherung auf den Weg gebracht und wurden am 12. November 2010 verabschiedet. Es soll sichergestellt werden, dass die gesetzlichen Kassen trotz Mehrausgaben von 10 Milliarden Euro im kommenden Jahr kein Defizit erwirtschaften. Pharmaindustrie, Apotheker, Kassen, Ärzte und Krankenhäuser sollen 3,5 Milliarden Euro sparen, die Beiträge werden um 6,3 Milliarden Euro erhöht. Zudem gibt es einen Steuerzuschuss von 2 Milliarden Euro für den Sozialausgleich für Zusatzbeiträge, der bis 2014 reichen soll.

Die Impfstoffentwicklung feiert derzeit eine Renaissance. Es stehen mehr Gelder für Grundlagenforschung und neue Technologien zur Verfügung; die Branche arbeitet an mehr als zweihundert Impfstoffen, wie etwa gegen Tuberkulose, Krebs, Influenza, HIV, Alzheimer und Hepatitis B und C. Das Marktvolumen für Impfstoffe liegt bei rund 22 Milliarden Dollar. Das ist zwar nur ein Anteil von drei Prozent am gesamten Weltpharmamarkt, aber die Wachstumsraten sind hoch und attraktiv. Ein US-Marktforschungsunternehmen mit Fokus auf Pharma stellt bis 2014 ein jährliches Wachstum von rund zehn Prozent in Aussicht. Weitere Gründe für das Wachstum sind, dass Impfstoffe im Vergleich zu Arzneimitteln als weniger anfällig für die Konkurrenz durch Nachahmerprodukte (Generika) gelten, es günstiger ist, zu impfen als die ausgebrochene Krankheit zu bekämpfen und dass die Schwellenländer wie China das Impfen für sich entdeckt haben und staatlich fördern. Die Forschungs- und Entwicklungsarbeit leisten oft kleine und mittlere Hersteller. Die großen Pharmakonzerne haben die Attraktivität des Impfgeschäfts erkannt. So holte sich Novartis den Impfstoffhersteller Chiron ins Boot und Pfizer sicherte sich Wyeth. Sechzig Prozent des Impfstoffumsatzes entfallen auf die fünf großen Konzerne Glaxo Smith Kline, Merck & Co., Sanofi-Aventis, Pfizer und Novartis. Der amerikanische

Gesundheitskonzern Johnson & Johnson verstärkt jetzt sein Impfstoffgeschäft, indem er das auf Impfstoffe spezialisierte holländische Biotechnologieunternehmen Crucell NV komplett übernimmt. Weitere etablierte, mittelgroße Anbieter sind Chiron, Baxter, Solvay. Vielversprechende Newcomer sind die österreichische Intercell (Impfstoff gegen Japanische Enzephalitis auf dem Markt, starke Pipeline, forscht u.a. an einem Impfpflaster gegen Reisedurchfall) und die Zürcher Biotechfirma Cytos (entwickelt Vakzine gegen das Rauchen und Heuschnupfen). (7)

Medizinische Forschung - F&E-Ausgaben halten ihr Niveau

Die deutsche Pharmabranche holt in der Medikamentenentwicklung wieder auf. Während Deutschland bei den Forschungsinvestitionen bis 1977 noch auf dem dritten Platz hinter den USA und Japan rangierte, war es auf den fünften Platz abgerutscht und von Großbritannien und Frankreich überholt worden. Seit 2007 jedoch gilt Deutschland erstmals wieder als führender europäischer Standort für die klinische Forschung. Die pharmazeutische Industrie hat in Deutschland im Jahr 2009 nach Angaben des Bundesverbands der Pharmazeutischen Industrie e.V. (BPI) insgesamt rund 4,6 Milliarden Euro in Forschung und Entwicklung (F&E) investiert.

Damit lagen die Investitionen auf dem Niveau des Vorjahres (4,7 Milliarden Euro). Die Wirtschaftskrise und der Sparkurs im Gesundheitswesen standen einer Ausweitung im Wege. Die F&E-Aufwendungen der Pharmaindustrie stellen damit rund 8,0 Prozent (Vorjahr: 8,1 Prozent) der gesamten F&E-Aufwendungen der deutschen Wirtschaft und liegen in absoluten Zahlen auf dem vierten Platz hinter der Automobilbranche, der Elektronikindustrie und dem Dienstleistungsgewerbe.

OTC-Markt - Versandhandel wächst

Immer mehr Deutsche gehen nicht gleich zum Arzt, wenn sie sich krank fühlen, sondern kaufen selbstverantwortlich rezeptfreie Medikamente in der Apotheke, im Drogeriemarkt, Verbrauchermarkt, beim Lebensmitteleinzelhändler oder Discounter. Laut einer Untersuchung des Instituts für Demoskopie Allensbach tun dies bereits 67 Prozent der Befragten. Besonders gefragt sind dabei Schmerzmittel, Mittel gegen Erkältungen, zur Wundversorgung (Pflaster, Heilsalben), Mineralstoffe (Magnesium, Calcium) und Halsschmerzmittel. Dynamisch entwickelt sich der Versandhandel mit rezeptfreien Arzneimitteln und Gesundheitsprodukten; er ist 2009 um 29 Prozent nach Umsatz gewachsen. Die Nachfrage nach den Gesundheitsprodukten in der Apotheke ist hingegen eher stagnierend. Die Menge der verkauften Produkte steigt nur noch in geringem Maße, die Preise haben sich in den vergangenen Jahren erhöht. Achtzig Prozent ihres Umsatzes realisiert die Apotheke nach wie vor mit apothekenpflichtigen Medikamenten. [Abb. 2] (8)

Alternative Medizin - immer mehr setzen auf Naturheilmittel

Zunehmend mehr Patienten verlassen sich nicht mehr ausschließlich auf die klassische Schulmedizin. Sie suchen alternative Wege, sei es dass sie in der Schulmedizin als austherapiert gelten trotz anhaltender Beschwerden oder dass sie von vornherein auf ein "Sowohl als auch" setzen und beides in Anspruch nehmen. Laut einer Studie des Instituts für Demoskopie Allensbach haben 53 Prozent der erwachsenen Bundesbürger schon einmal homöopathische Mittel verwendet - noch 1970 war es nur knapp jeder Vierte.

Das Spektrum der alternativen Medizin und ihrer Methoden ist weit: Homöopathie, Osteopathie, Rolfing, Psychosomatische Energetik, Traditionelle Chinesische Medizin (TCM) und vieles andere mehr. Die meisten Leistungen müssen die Patienten aus eigener Kasse bezahlen, die privaten Kassen zeigen sich großzügiger. Doch auch bei den gesetzlichen Krankenkassen kommt Bewegung ins Angebot. Vereinzelt übernehmen sie bereits Homöopathie-Sitzungen oder sogar den Yoga-Kurs.

Vor allem der Milliardenmarkt für traditionelle asiatische Heilmethoden boomt. Ein vom Hamburger Senat beauftragtes Gutachten fand heraus: Pro Jahr werden in Deutschland rund 3,2 Milliarden Euro unter dem Label TCM umgesetzt - von der Akupunktur über chinesische Medikamente bis zum dubiosen Drachenöl. Bis 2015 könnte sich das Marktvolumen für TCM in Deutschland sogar auf 6,8 Milliarden Euro mehr als verdoppeln, prognostiziert eine im Januar letzten Jahres veröffentlichte Studie von Helmut Kaiser Consultancy. Und der Weltmarkt könnte bei positiver Entwicklung im gleichen Zeitraum von heute rund 74,4 Milliarden Euro auf 134,5 Milliarden Euro anwachsen. 800 Millionen Patienten außerhalb Chinas setzen mittlerweile auf die alten asiatischen Heilmethoden. Mehr als 40 000 deutsche Ärzte haben derzeit ein von Akupunktur-Gesellschaften ausgestelltes Diplom.

In Deutschland produzieren über hundert pharmazeutische Unternehmen anthroposophische und homöopathische Arzneimittel. Diese Unternehmen stellen einen bedeutenden Wirtschaftsfaktor dar, der kontinuierlich an Bedeutung gewinnt. Viele dieser Unternehmen operieren weltweit und sind auch in der Arzneimittelforschung tätig. In Deutschland praktizieren etwa 20 000 Heilpraktiker. 2009 gab es in Deutschland über 420 000 Ärzte mit homöopathischer

Zusatzausbildung, dies entspricht einem Zuwachs von 203 Prozent seit dem Jahr 1995. Etwa 60 000 deutsche Ärzte verordnen regelmäßig homöopathische und auch anthroposophische Arzneimittel. Die Entwicklung der Arzneimittelsegmente nach Zusatzklassen des BPI zeigt bei der Umsatzbetrachtung in 2009 die größten Zuwächse im Vergleich zum Vorjahr bei den Anthroposophika (7,6 Prozent). [Abb. 3] Marktführer bei homöopathischen Arzneimitteln in Europa ist Boiron aus Frankreich. Zweitgrößter Anbieter ist die deutsche Firma Biologische Arzneimittel Heel GmbH. Weiter bekannte Anbieter sind Weleda, die Deutsche Homöopathie Union (DHU).

Medizintechnik - Deutsche Technik ist Exportschlager

Im Jahr 2009 lag der Gesamtumsatz der deutschen Medizintechnikindustrie mit rund 18,3 Milliarden Euro um 4,3 Prozent unter dem Ergebnis des Vorjahres. Die Auswirkungen der Finanz- und Wirtschaftskrise zeigten sich vor allem beim Auslandsgeschäft. Hier kam es zu einem Umsatzrückgang von neun Prozent. Das Inlandsgeschäft blieb dagegen trotz Krise stabil und so lag der Inlandsumsatz der Branche um 4,5 Prozent über dem Vorjahresniveau. Die Exportquote sank leicht auf 62,5 Prozent. Die deutsche Medizintechnik ist und bleibt damit ein weltweiter Exportschlager.

Das meiste geht in die Länder der Europäischen Union (42 Prozent), gefolgt von Nordamerika (20,2 Prozent) und Asien (13,7 Prozent). (9) Die Zahl der Mitarbeiter in den 1 150 Unternehmen liegt bei 87 000 Beschäftigten. Etwa 15 Prozent der Beschäftigten sind im Bereich Forschung und Entwicklung tätig. Die Medizintechnikbranche zeichnet sich durch eine hohe Innovationskraft aus. Der Umsatzanteil der Produkte, die jünger als drei Jahre sind, liegt bei fast 32 Prozent.

Die größten medizintechnischen Anbieter in Deutschland sind Siemens Medical Solutions (11,90 Milliarden Euro Umsatz 2009), Fresenius (8,10 Milliarden Euro, ohne Helios u. Vamed), B. Braun Melsungen (4,00 Milliarden Euro) und die Drägerwerke (1,30 Milliarden Euro). Kleinere Anbieter sind Roche Diagnostics, Karl Storz, Carl Zeiss Meditec und Otto Bock. Weltweit sind in der Branche etwa 60 000 Unternehmen aktiv, viele davon höchst innovativ in ihren Marktnischen. Die Top Drei-Anbieter der Welt sind Johnson&Johnson (USA), General Electric (USA) und Siemens (Deutschland).

Die Top Anbieter streben nach einer umfassenden Abdeckung in der Medizintechnik, mit Angeboten für Prävention, Früherkennung, Diagnose, Behandlung bis hin zur Nachversorgung außerhalb des Krankenhauses. Doch sie setzen unterschiedliche

Akzente. Siemens baut die Labordiagnostik aus, General Electric legt den Schwerpunkt auf die Prävention, Medtronic favorisiert das Geschäft mit Herzschrittmachern und Defibrillatoren (Elektroschockgeräte). Johnson & Johnson gilt als Mischkonzern mit Angeboten für die Orthopädie, Implantaten, Insulin, Augenheilmitteln, Diagnostik oder Laborausrüstung. Baxter bietet nicht nur Medizintechnik, sondern auch Arzneimittel und Biotechnologie. Philips will sich mit Home Healthcare, der Medizintechnik für zu Hause, einen Namen machen. Entsprechend kam es in den vergangenen Jahren zu regen Übernahmeaktivitäten.

Das Leistungsspektrum der Branche ist sehr vielfältig. Das Produktspektrum reicht von Einwegspritzen über Chirurgiegeräte, Implantate oder Herzschrittmacher bis hin zu großtechnischen Krankenhaus-Ausrüstungen wie Computer-Tomographen und Bestrahlungsanlagen. Knapp 40 Prozent des Marktes entfallen auf Operationsgeräte und -material, gute 25 Prozent auf Informationstechnologie und knapp 11 Prozent auf Diagnosegeräte und bildgebende Systeme. Besonders starkes Wachstum erwarten Branchenexperten unter anderem für die Bereiche Zahnimplantate, Wirbelsäulenchirurgie, molekulare Diagnostik, Hörgeräte und die Neurochirurgie. Zu den reiferen Segmenten mit rückläufigen Wachstumsraten zählen Hüftimplantate oder

Kardiologie-Produkte.

Trends

Strategiewechsel soll neue Absatzchancen öffnen

Die Pharmaindustrie bekämpft ihre Absatzprobleme im angestammten Pharmageschäft und sucht nach neuen Wachstumsmöglichkeiten. Die Strategien sind unterschiedlich. Fast alle großen Pharmakonzerne absolvieren Sparprogramme.

Manche verlagern ihre Forschungsanstrengungen auf Felder mit besonders hohem medizinischem Bedarf wie etwa die Krebstherapien, Nervenerkrankungen und Impfstoffe, wo einerseits die Chancen auf neue Erkenntnisse höher, andererseits die Hürden für eine Zulassung niedriger erscheinen. Andere diversifizieren und setzen verstärkt auf angrenzende Bereiche wie Diagnostika, verschreibungsfreie Arzneimittel, Impfstoffe oder die Medizintechnik. Beispiele: Sanofi-Aventis, lange Zeit ein fast reinrassiger Pharmahersteller, verstärkte sich durch Übernahme des OTC-Herstellers Chattem und des Tierarznei-Konzerns Merial. Novartis verbreiterte sein Programm durch Generika- und Impfstoffzukäufe sowie zuletzt durch die Übernahme des Augenheilkunde-Spezialisten Alcon. Die Darmstädter Merck-Gruppe minderte ihre Abhängigkeit vom klassischen Pharmageschäft durch den Kauf des Biotech-Zulieferers Millipore. Mit King Pharmaceuticals will Pfizer unter anderem seine Palette von Schmerzmitteln erweitern. Generikafirmen sind beliebte Übernahmeobjekte. Etliche Konzerne folgen dem Trend Big Pharma sucht Biotech und sichern ihren Produktnachschub durch Kooperationen und Allianzen mit Biotechfirmen. Und zunehmend bieten auch namhafte Originalhersteller Rabatte auf patentgeschützte Marken.

Schwellenländer lassen auf mehr Umsatz hoffen

Der wachsende Wohlstand in Brasilien, China, Indien, Indonesien, Mexiko, Russland und der Türkei lässt deren Bedeutung für die Pharmaindustrie steigen. Sie haben aktuell zwar erst einen Anteil von zwölf Prozent am Weltpharmamarkt, sollen in den nächsten vier Jahren aber um 13 bis 16 Prozent wachsen, China sogar weiterhin mit einer Rate von zwanzig Prozent. Im Jahr 2020 wird voraussichtlich ein Fünftel des weltweiten Pharmaumsatzes in den Schwellenländern erwirtschaftet. China wäre dann der zweit- oder drittgrößte Markt der Welt, während die Türkei und Indien zu den zehn bedeutendsten Pharmamärkten gehören würden.

Alzheimer Demenz - Pharmaforschung gegen die Heilung der Krankheit des Vergessens läuft auf Hochtouren

Alzheimer-Demenz ist eine typische Alterskrankheit und führt zur fortschreitenden Zerstörung der geistigen Fähigkeiten und der Person. Sie ist bis heute unheilbar. Nach den Zahlen des Alzheimer-Weltberichts 2009 leiden weltweit rund 35 Millionen Menschen an Demenz. Bis 2030 wird sich die Zahl auf 65,7 Millionen Patienten fast verdoppeln. In Deutschland sind rund 1,2 Millionen Menschen von der Krankheit betroffen. Die demografische Entwicklung in den westlichen Ländern macht die Alzheimer-Therapie zu einem potentiell sehr lukrativen Wachstumsfeld für die Pharmabranche. Der Markt lockt mit erwarteten Jahresumsätzen von etwa 25 Milliarden Dollar weltweit. Doch die Entwicklung neuer Wirkstoffe ist schwierig. Inzwischen forschen fast alle großen Konzerne wie Pfizer, Novartis, Eli Lilly und Bayer auf dem Gebiet Demenz oder kaufen sich in laufende Projekte ein. Im Sommer investierte das amerikanische Unternehmen Johnson & Johnson rund 500 Millionen Dollar in das Alzheimerprogramm der irischen Firma Elan und des US-Konzerns Wyeth. Nach Angaben des Berliner Verbands Forschender Arzneimittelhersteller (VFA) sind derzeit weltweit vier Alzheimerpräparate sowie ein Diagnostikum im letzten Stadium der klinischen Forschung, in der sogenannten Phase III, und könnten bis 2013 die Zulassung erhalten. Vier Wirkstoffe sind zur Behandlung derzeit zugelassen und zögern den Verfall bis zu zwei Jahren hinaus: die drei AChE-Hemmer Donepezil, Galantamin und Rivastigmin und der NMDA-Antagonist Memantine. Zu den umsatzstärksten Medikamenten zählen Aricept von Pfizer und Eisai.

Zahlen & Fakten

Abbildung 1:

Im Krankenhaus wird es teuer für die Gesetzliche Krankenversicherung

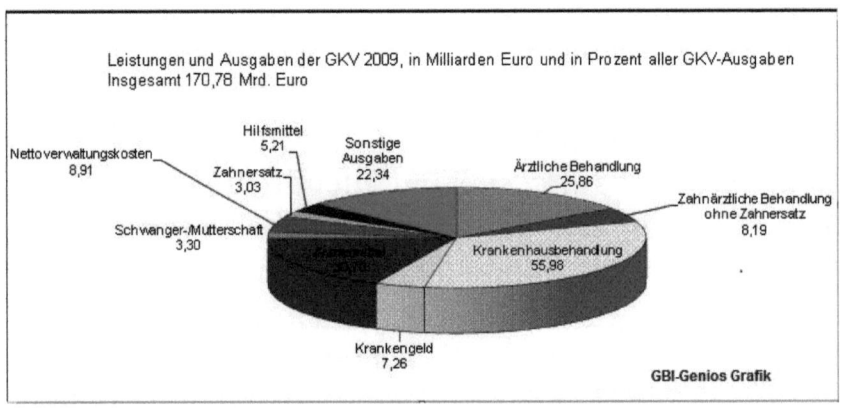

Quelle: BPI

Entnommen aus: Bundesverband der Pharmazeutischen Industrie (BPI), Pharma-Daten 2010, S. 54

Abbildung 2:

24

Apothekenpflicht sorgt für Umsatz

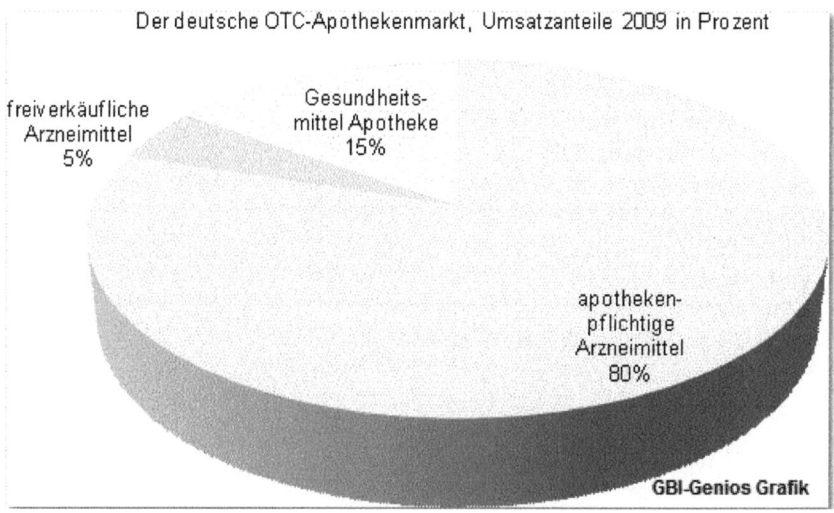

Der deutsche OTC-Apothekenmarkt, Umsatzanteile 2009 in Prozent

freiverkäufliche Arzneimittel 5%

Gesundheitsmittel Apotheke 15%

apotheken-pflichtige Arzneimittel 80%

GBI-Genios Grafik

Quelle: IMS Health, BPI

Entnommen aus: BPI, Pharma-Daten 2010, S. 68

Abbildung 3:

Anthroposophika legen zu

Umsatzentwicklung der
Arzneimittelsegmente nach Zusatzklassen

	2009	Veränderung
	in Mio. Euro	in Prozent

25

Gesamt	24.656,8	3,7
Arzneimittel human	18.776,8	3,8
Biopharmazeutika	3.380,5	4,5
Phytopharmaka	805,5	-2,8
Übrige *	756,5	5,3
Diagnostika	632,0	4,3
Homöopathie	258,4	2,5
Anthroposophie	41,7	7,6

* Körper- und Zahnpflegemittel,
Injektionszubehör,
Nahrungsergänzungsmittel, Diätetika

Desinfektionsmittel,Randsortiment,
Drogen, Medizinprodukte, Chemikalien,
Tierarzneimittel

Quelle: Insight Health, 2010

Entnommen aus: Bundesverband der Pharmazeutischen Industrie (BPI),
Pharma-Daten 2010, S. 63

Weiterführende Literatur

(1) Ohne Patentrezepte
aus Frankfurter Allgemeine Zeitung, 17.09.2010, Nr.
216, S. 19

(2) Schwächen der Sparten Pharma und Pflanzenschutz bremsen Bayer
aus Handelsblatt Nr. 145 vom 30.07.2010 Seite 23

(3) Delle im Umsatz bei Boehringer
aus Handelsblatt Nr. 150 vom 06.08.2010 Seite 19

(4) <Clarity Aktiengesellschaft> 6290171057
aus <Krankheit> MEZ-06

(5) Diagnose: Schleichende Panik
aus Handelsblatt Nr. 206 vom 25.10.2010 Seite 20

(6) Medizinische Versorgungszentren. Aktueller Entwicklungsstand.
aus Handelsblatt Nr. 206 vom 25.10.2010 Seite 20

(7) Immun gegen Rezession
aus Finanz und Wirtschaft vom 28.08.2010, Seite 29

(8) Pharma-Daten 2010
aus Finanz und Wirtschaft vom 28.08.2010, Seite 29

(9) Branchenbericht 2010 vom 15.09.2010
aus Finanz und Wirtschaft vom 28.08.2010, Seite 29

Impressum

Branchenreport MEDIZIN & PHARMA Ausgabe 2/2010

Bibliografische Information der deutschen Nationalbibliothek

Die Deutsche Nationalbibliothek verzeichnet diese Publikation in der deutschen Nationalbibliografie; detaillierte bibliografische Daten sind im Internet über http://dnb.d-nb.de abrufbar.

ISBN: 978-3-7379-1912-8

© 2015 GBI-Genios Deutsche Wirtschaftsdatenbank GmbH, Freischützstraße 96, 81927 München, www.genios.de

oder ähnliche Einrichtungen und die Einspeicherung und Verarbeitung in elektronischen Systemen.